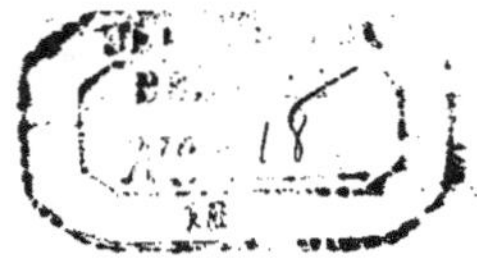

Travaux de l'Institut de Zoologie de l'Université de Montpellier

ET DE LA STATION ZOOLOGIQUE DE CETTE

Publiés sous la direction de MM.

O. DUBOSCQ	**A. SOULIER**
Professeur et Directeur	Professeur adjoint
B. COLLIN	**E. de ROUVILLE**
Sous-Directeur de la Station zoologique	Maître de conférences adjoint

DEUXIÈME SÉRIE. — MÉMOIRE N° 22

L'ODEUR DE LA POURPRE

PAR

E. DERRIEN

Professeur agrégé de Chimie biologique à la Faculté de Médecine de Montpellier

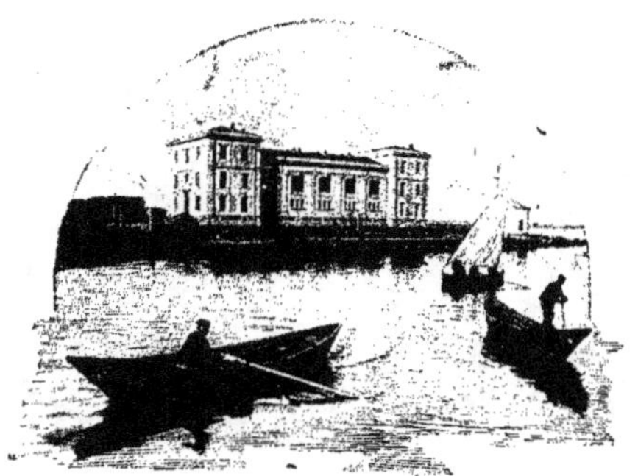

CETTE

STATION ZOOLOGIQUE

1911

L'ODEUR DE LA POURPRE

TRAVAUX DE L'INSTITUT DE ZOOLOGIE DE MONTPELLIER

ET DE LA STATION ZOOLOGIQUE DE CETTE

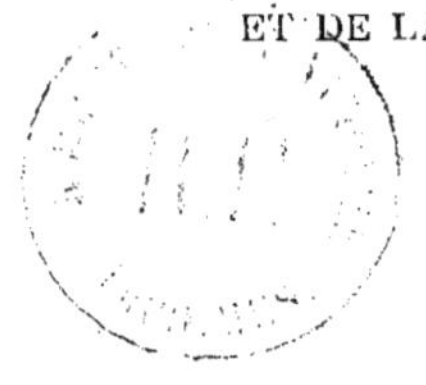

PREMIÈRE SÉRIE

(Publiée par M. A. Sabatier)

1. **Etudes sur le cœur et la circulation centrale dans la série des vertébrés** (Anatomie et Physiologie comparées ; Philosophie naturelle). Ouvrage couronné par l'Institut (Prix de physiologie expérimentale). In-4° de 464 pages avec 16 planches, gravées et chromolithographiées, 1873.

2. **Etudes sur la moule commune (Mytilus edulis).** In-4° de 130 pages avec 9 planches en chromo. 1877.

3. **Comparaison des ceintures et des membres antérieurs et postérieurs dans la série des vertébrés.** In-4° de 438 pages, avec 9 planches gravées et lithographiées. 1880.

4. **Du mécanisme de la respiration chez les Chéloniens.** In-4° de 24 pages, avec 2 planches. 1884.

5. **Recueil de mémoires sur la morphologie des éléments sexuels et sur la nature de la sexualité.** In-4° de 425 pages, avec 19 planches, 1886.

DEUXIÈME SÉRIE

Mémoire N° 1. — **Recherches sur le développement des organes génitaux de quelques Gastéropodes hermaphrodites,** par H. Rouzaud, Maître de Conférences à l'Institut de Zoologie, 1885. Grand in-8° de 144 pages, avec 8 planches.

Mémoire N° 2. — **Etudes sur quelques points de l'anatomie des Annélides tubicoles de la région de Cette** (Organes sécréteurs du tube et appareil digestif), par Albert Soulier, Docteur ès Sciences, Préparateur de l'Institut de Zoologie. Grand in-8° de 310 pages et 10 planches doubles gravées et chromolithographiées. Paris, Octave Doin, éditeur, 1891.

Mémoire N° 3. — **De la spermatogénèse chez les Crustacés décapodes,** par Armand Sabatier, Doyen de la Faculté des Sciences, Directeur de la Station zoologique de Cette. Grand in-8° de 394 pages avec 10 planches doubles, gravées et chromolithographiées. Montpellier, Coulet, libraire-éditeur. Paris, Bataille et Cie, libraires-éditeurs, 1892.

Mémoire N° 4. — **De la spermatogénèse chez les Poissons Sélaciens,** par Armand Sabatier, Doyen de la Faculté des Sciences, Directeur de l'Institut de Zoologie de Montpellier et de la Station zoologique de Cette. Grand in-8° de 238 pages, avec 9 planches. Montpellier, Coulet, libraire-éditeur. Paris, Bataille et Cie, libraires-éditeurs, 1896.

Mémoire N° 5 — **Recherches sur la Faune de l'étang de Thau,** par le Dr Gourret. Grand in-8° de 55 pages.

Mémoire N° 6. — **Recherches sur les Aphroditiens,** par J. Gaston Darboux, ancien élève de l'Ecole normale supérieure, Agrégé de l'Université, Docteur ès Sciences, Préparateur à l'Institut de Zoologie. Grand in-8° de 276 pages avec 83 figures. Lille, Danel, 1899.

Mémoire N° 7. — **Du tissu conjonctif comme régénérateur des épithéliums,** par Etienne de Rouville, Docteur ès Sciences, Chef des travaux pratiques à l'Institut de Zoologie. Grand in-8° de 164 pages avec 11 planches. Montpellier, Coulet et fils, libraires-éditeurs. Paris, Vigot frères, éditeurs, 1900.

Mémoire N° 8. — **Contribution à l'Histoire naturelle des Bryozoaires Ectoproctes marins,** par Louis Calvet, Docteur ès Sciences, Préparateur à l'Institut de Zoologie. Grand in-8° de 488 pages, avec 13 planches doubles, gravées et chromolithographiées et 45 figures dans le texte. Montpellier, Coulet et fils, libraires-éditeurs. Paris, Masson et Cie, éditeurs, 1900.

Mémoire N° 9. — **Les premiers stades embryologiques de la Serpule,** par Albert Soulier, Maître de Conférences à la Faculté des Sciences de Montpellier. Grand in-8° de 80 pages, avec 4 planches doubles.

Mémoire N° 10. — **Revision des Annélides de la région de Cette** (Premier fascicule), par Albert Soulier, Maître de Conférences à la Faculté des Sciences de Montpellier. Grand in-8° de 56 pages, avec 10 figures.

Mémoire N° 11. — **Matériaux pour servir à l'Histoire de la Faune des Bryozoaires marins des côtes françaises : I. Bryozoaires marins de Cette,** par Louis Calvet, Sous-Directeur de la Station zoologique de Cette. Grand in-8° de 103 pages, avec 3 planches, 1902.

DEUXIÈME SÉRIE (*suite*)

MÉMOIRE N° 12 — **Matériaux pour servir à l'Histoire de la Faune des Bryozoaires marins des côtes françaises : II. Bryozoaires marins des côtes de Corse** (récoltés par M. CAZIOT), par M. Louis CALVET, Sous-Directeur de la Station zoologique de Cette. Grand in-8° de 52 pages, avec 2 planches, 1902.

MÉMOIRE N° 13. — **Revision des Annélides de la région de Cette** (Deuxième fascicule), par Albert SOULIER, Maître de Conférences à la Faculté des Sciences de Montpellier. Grand in-8° de 88 pages, avec 12 figures, 1903.

MÉMOIRE N° 14. — **Revision des Annélides de la région de Cette,** (Troisième fascicule), par Albert SOULIER, Maître de Conférences à la Faculté des Sciences de Montpellier. Grand in-8° de 56 pages, avec 12 figures, 1904.

MÉMOIRE N° 15. — **La Station zoologique de Cette (Son origine, son évolution, son organisation actuelle), avec une esquisse de la faune et de la flore marines de la région, et un compte rendu des fêtes jubilaires de la Station,** par Louis CALVET, Sous-Directeur de la Station zoologique de Cette. Grand in-8°, avec plusieurs vues photographiques, 1905.

MÉMOIRE N° 16. — **La fécondation chez la Serpule**, par Albert SOULIER, Professeur adjoint à la Faculté des Sciences de Montpellier. Grand in-8°, de 87 pages, avec 1 planche, 1906.

MÉMOIRE N° 17. — **L'évolution schizogonique de l'Aggregata (Eucoccidium) Eberthi** LABBÉ, par L. LÉGER, professeur à la Faculté des Sciences de Grenoble, et O. DUBOSCQ, professeur à la Faculté des Sciences de Montpellier. Grand in-8° de 64 pages, avec 3 planches, 1908.

MÉMOIRE N° 18. — **Les phénomènes de la conjugaison chez Anoplophrya branchiarum** STEIN, par B. COLLIN, Préparateur à la Station zoologique de Cette. Grand in-8° de 43 pages, avec 2 planches, 1909.

MÉMOIRE N° 19. — **Études sur la sexualité chez les Grégarines,** par L. LÉGER, Professeur à la Faculté des Sciences de Grenoble, et O. DUBOSCQ, Professeur à la Faculté des Sciences de Montpellier. Grand in-8° de 115 pages, avec 5 planches, 1909.

MÉMOIRE N° 20. — **Notes et Documents d'aquiculture et de pêche, intéressant la région marine de Cette et de l'étang de Thau,** par Louis CALVET, chargé de cours à la Faculté des Sciences de Montpellier. Grand in-8° de 165 pages, avec plusieurs vues photographiques. 1910.

MÉMOIRE N° 21. — **Selenococcidium intermedium** (LÉGER et DUBOSCQ) **et la systématique des Sporozoaires,** par L. LÉGER, professeur à la Faculté des sciences de Grenoble, et O. DUBOSCQ, professeur à la Faculté des sciences de Montpellier. Grand in-8° de 50 pages avec 2 planches. 1910.

MÉMOIRE N° 22. — **L'odeur de la Pourpre,** par E. DERRIEN, professeur agrégé de chimie biologique à la Faculté de médecine de Montpellier. Grand in-8° de 25 pages. 1911.

SÉRIE MIXTE

Mémoire N° 1. — **Recherches anatomiques et histologiques sur les organes surrénaux des Plagiostomes,** par E. Grynfeltt, Chef des travaux d'histologie à la Faculté de médecine de Montpellier. Grand in-8° de 137 pages, avec 13 figures dans le texte et 7 planches, 1903.

Mémoire N° 2. — **Recherches sur la Flore pélagique (Phytoplankton) de l'étang de Thau,** par Jules Pavillard, Professeur au Lycée, chargé d'un cours complémentaire de botanique à la Faculté des Sciences. Grand in-8° de 116 pages, avec 2 cartes et 3 planches, 1905.

Mémoire N° 3. — **L'Etang de Thau, essai de Monographie océanographique,** par Louis Surry. Grand in-4° de 208 pages et 1 carte, 1911

Travaux de l'Institut de Zoologie de l'Université de Montpellier

ET DE LA STATION ZOOLOGIQUE DE CETTE

Publiés sous la direction de MM.

C. DUBOSCQ
Professeur et Directeur

A. SOULIER
Professeur adjoint

B. COLLIN
Sous-Directeur de la
Station zoologique

E. de ROUVILLE
Maître de conférences
adjoint

DEUXIÈME SÉRIE. — MÉMOIRE Nᵒ 22

L'ODEUR DE LA POURPRE

PAR

E. DERRIEN

Professeur agrégé de Chimie biologique à la Faculté de Médecine
de Montpellier

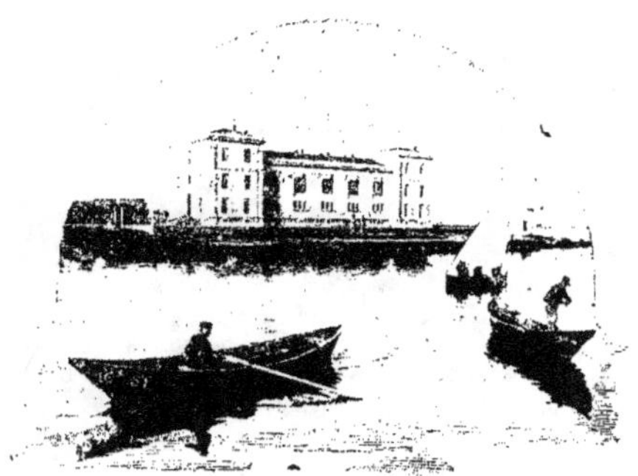

CETTE
STATION ZOOLOGIQUE

1911

L'ODEUR DE LA POURPRE

(Communication faite dans la séance générale du 27 mars 1911)

SOMMAIRE

I. L'odeur de la pourpre d'après les textes anciens .— II. Observations des naturalistes des XVII⁰, XVIII⁰ et XIX⁰ siècles. — III. Tentatives de caractérisation chimique de Letellier et de R. Dubois. — IV. L'odeur de la pourpre est une odeur de mercaptan. — V. Relations entre les substances *osmigènes* et les substances chromogènes de la pourpre. — VI. Problèmes de Biochimie comparée.

MESSIEURS,

L'étude de la Pourpre antique a passionné bien des chercheurs : archéologues, philologues, naturalistes et chimistes (1).

Les naturalistes, rapprochant leurs observations des descriptions d'Aristote ou de Pline, et les archéologues, retrouvant des amoncellements de coquilles méthodiquement cassées près des emplace-

---

(1) M. Alexander DEDEKIND, Custos der Sammlung ägyptischer Altertümer des österreichischen Kaiserhauses, est l'apôtre d'une « Porphyrologie » ou « science de la Pourpre » qui grouperait tous ces travaux faits à des points de vue divers et qui doivent se pénétrer mutuellement. Depuis 1896, il rassemble, publie avec soin, annote et commente tous les documents qu'il juge utiles aux « porphyrologues ». Il a apporté lui-même plusieurs interprétations nouvelles des textes à la lumière des recherches des naturalistes modernes. Son ouvrage, *Ein Beitrag zur Purpurkunde*, comprend déjà 4 forts volumes édités chez Mayer et Müller à Berlin : I Band (1898), II Band (1906), III Band (1908), IV Band (1911). Ce dernier volume qui vient de paraître contient notamment une liste chronologique et un répertoire alphabétique de tous les écrits et travaux sur la Pourpre de 1528 à 1910. Y recourir pour les auteurs ici cités sans références bibliographiques.

*

ments des anciennes teintureries phéniciennes, nous ont appris que les coquillages qui fournissaient la célèbre et précieuse couleur appartiennent aux espèces des genres *Murex* et *Purpura* les plus répandues dans la Méditerranée (*M. brandaris, M. trunculus* et *Purpura haemastoma*).

Les chimistes n'ont résolu le problème de la constitution des principes colorants de la pourpre que tout récemment (1909) et seulement pour le pourpre du *Murex brandaris*. P. Friedlænder (2) a pu isoler de **12.000** coquillages de cette espèce 1 gramme 4 de couleur pure qu'il a identifiée à l'un des indigos bromés dont l'industrie chimique actuelle peut, grâce à lui, effectuer la synthèse : le *dibromoindigo-6.6'*. C'est le premier composé *bromé*, chimiquement défini, isolé des êtres vivants. Mais il est certain que les pourpres retirés d'autres espèces sont différents.

C'est ainsi qu'il est presque sûr que le pourpre du *Murex trunculus* est un mélange d'indigotine et d'indirubine, comme l'avaient remarqué, sans pouvoir le démontrer d'une façon absolue, les chimistes italiens [Bartolommeo Bizio (plusieurs publications de 1832 à 1861) Giovanni Bizio (1872), Antonio et Giovanni de Negri (1875)] auxquels revient le mérite d'avoir reconnu, les premiers, la parenté des couleurs de la Pourpre avec celles de l'Indigo. J'ai en effet pu retirer (3), du mucus purpuripare du *M. trunculus*, de l'*indoxyle* identique à celui qu'on peut extraire des composés indigogènes de l'urine des vertébrés (E. Baumann et L. Brieger, 1879) ou des plantes à indigo (J.-J. Hazewinkel, 1900), indoxyle que l'on sait être un générateur d'indigotine et

---

(2) P. Friedlænder. Uber den Farbstoff des antiken Purpur aus *Murex brandadris* (Mitteilung aus dem chem. Labor. des k. k. Technol. Gewerbe Museums zu Wien). *Berichte des deutsch. chem. Gesellschaft*, **42**, (1909). 765-770.

(3) Mes recherches sur la chimie biologique de la Pourpre m'ont déjà fourni quelques résultats encourageants qui ont été l'objet de communications préliminaires à la section de Montpellier de la Société chimique de France : séance du 18 mars 1910 (Bulletin Soc. chimq. de France (4). **7**, 374), séance du 16 décembre 1910 (Bulletin du 5 février 1911, p. 110), séance du 17 mars 1911 (dont le compte rendu paraîtra sans doute dans un des Bulletins du 5 ou du 20 mai 1911). J'espère pouvoir les poursuivre malgré les difficultés matérielles qui les compliquent, étant loin d'avoir à ma disposition le nombreux personnel et l'abondant matériel des πορφυροβαφεῖα d'autrefois.

d'indirubine. Mais aujourd'hui ce n'est pas de la couleur (ou des couleurs) de la pourpre (ou des pourpres) mais seulement de son **odeur** que je veux vous entretenir. Ce n'est évidemment qu'un chapitre secondaire (4) de la « Porphyrologie » : peut-être valait-il cependant la peine qu'on l'ébauchât, au double point de vue de l'interprétation des textes anciens et de la chimie biologique comparée (5).

I. — L'art de teindre en pourpre, ainsi que l'a montré A. Dedekind, le savant égyptologue et « porphyrologue » de Vienne, remonte à une antiquité beaucoup plus reculée qu'on ne l'avait pensé. L'ancienne Egypte, l'Assyrie l'ont connu de bonne heure. Un vieux papyrus égyptien (le Papyrus Sallier n° 2 conservé à Londres) signale déjà l'odeur de la pourpre. Il y est dit du teinturier : « *Ses mains sentent mauvais, elles ont l'odeur de poissons putréfiés* (6) ». Beaucoup plus tard, Strabon (Lib. XVI, cap. II, paragraphe 23) relate qu'à Tyr les teintureries étaient devenues si nombreuses que le séjour y était fort désagréable : καὶ δυσδιάγωγον μὲν ποιεῖ τὴν πόλιν ἡ πολυπληθία τῶν βαφειῶν. Et cela était certainement dû à l'odeur de la pourpre.

Flaubert n'aurait sans doute pas manqué d'utiliser ce détail, s'il l'avait connu, soit lorsqu'il fait défiler parmi les esclaves d'Hamilcar Barca « les ouvriers des manufactures de pourpre [qui]

---

(4) J'ai trouvé plusieurs indications, mais pas de travail d'ensemble, dans les précieux ouvrages de Dedekind. L'excellent article de Maurice Besnier — Article **Purpura** (πορφύρα) du *Dictionnaire des Antiquités grecques et romaines* de Daremberg et Saglio; 40ᵉ Fascicule (1907) pp. 769-778, mentionne à peine l'odeur de la pourpre (p. 772, col. 2, « dégage une odeur prononcée ».)

(5) La biochimie des odeurs animales est presque toute à faire. Les auteurs du traité de Chimie biologique animale le plus complet et le plus récent, le *Handbuch der Biochemie des Menschen und der Tiere herausgegeben von* C. Offenheimer. G. Fischer. Iéna, 1910-1911. en sept gros volumes, voulaient y consacrer un chapitre mais durent y renoncer. En note, en tête du chapitre traitant des poisons animaux (Band III. 1, p. 742) il est dit : Dieses Kapitel sollte ursprünglich auch die tierischen *Riechstoffe* mitbehandeln. Jedoch war *chemisches* Material über diese Dinge nicht aufzufinden. »

(6) D'après A. Dedekind. *Archives de Zoologie expérimentale* (3). 4 (1896). p. 488.

avaient les bras rouges comme des bourreaux », soit lorsqu'il indique « les fabriques de pourpre, dont les lentes fumées bleues montaient dans le ciel » de Carthage (7).

A Rome, les étoffes de pourpre étaient aussi chères que l'or et les perles fines. PLINE l'Ancien (8) feignait de s'en étonner en rappelant la mauvaise odeur de la pourpre à la teinture et les couleurs vertes et bleuâtres qui précèdent la formation de la teinte définitive : *sed unde conchyliis praetia, queis virus grave in fuco, color austerus in glauco et irascenti similis mari ?* D'où les couleurs conchyliennes tirent-elles leur prix ? *A la teinture leur odeur est infecte...* (traduction Panckoucke).

A ce mot **infect** permettez-moi d'ouvrir une parenthèse. Le sens primitif de *infectus*, c'est *teint* ; *infector*, c'est le teinturier. La traduction latine de Strabon donne (Lib. XVII, cap. III, paragraphe 18) *purpuri infecturae* pour πορφυροβαφεῖα teintureries de pourpre. Si bien que le changement de sens du mot *infectus* me semble être dû à l'odeur de la pourpre, et qu'en disant aujourd'hui qu'une odeur est infecte nous la comparons, sans le savoir, à l'odeur qu'avait à la teinture la fameuse couleur antique ?

En dépit de PLINE, le luxe allait croissant à Rome. Les empereurs s'efforcèrent de restreindre l'usage de la Pourpre. Auguste décida que les magistrats seuls y auraient droit (9). Il est probable qu'à cette époque on ne portait pas à Rome de vêtements fraîchement teints et encore odorants. Je n'ai rien trouvé, en effet, dans HORACE à ce sujet. J'ai refeuilleté ses *Odes* parce qu'il avait vanté la finesse de son odorat,

> Namque sagacius unus odoror
> **Polypus**, an gravis hirsutis cubet hircus in alis
> Quam canis acer, ubi lateat sus,

et surtout parce qu'il ne pouvait souffrir l'ail (témoin son ode bien connue *Allium detestatur*, 3ᵉ épode) et que, justement, comme nous le verrons, on a souvent rapproché l'odeur de la pourpre de celle de l'ail.

---

(7) Gustave FLAUBERT. Salammbô, p. 138 et p. 159.

(8) PLINE l'Ancien. Hist. nat. Lib. IX, p. 102 du t. VII de l'édit. Panckouke.

(9) Voir article de M. BESNIER [signalé note (4)], p. 778.

Mais les anciennes prohibitions n'eurent pas d'effet durable, et la mode des vêtements de pourpre passionna les riches et les débauchés du temps de MARTIAL. Alors furent recherchées les étoffes encore tout imprégnées de l'odeur caractéristique. Car la pourpre, comme toutes les choses chères et à la mode, eut ses imitations et ses falsifications (10). L'odeur de l'étoffe était une garantie de l'authenticité de la couleur, elle était un signe extérieur de plus de sa richesse, et témoignait de la nouveauté de la luxueuse acquisition. Combien y aurait-il de femmes de nos jours qui refuseraient de pouvoir signaler ainsi, même par une odeur désagréable, les mêmes qualités de leurs diamants ou de leurs perles ?

Mon interprétation est fondée sur plusieurs passages des Epigrammes de MARTIAL.

Parmi les charmes de la vie champêtre à laquelle le poète convie Licinianus (Lib. I, épigr. 50) figure le plaisir de ne plus porter de vêtements qui exhalent l'odeur de la pourpre :

> lunata nusquam pellis, et nusquam toga
> *olidaeque vestes murice*

Et ce Zoïle (Lib. II, épigr. 16) qui fait le malade et garde le lit uniquement pour montrer et faire sentir ses nouvelles couvertures de pourpre, n'est-ce pas un bel exemple du rôle que jouait l'odeur de la pourpre dans l'ostentation des richesses ?

> Si fuerit sanus, coccina, quid facient?
> Quid torus a Nilo, quid Sidone tinctus olenti?
> Ostendit stultas quid nisi morbus opes?

Je sais, il est vrai, que ce passage a été très controversé. On a voulu lire *sindone cinctus olenti* et traduire avec les auteurs de la collection NISARD (1842, p. 362) :

« S'il se portait bien que deviendraient... ces draps parfumés dans lesquels il s'enveloppe. » Mais je crois que l'on doit se ranger à l'avis du commentateur SCRIVERIUS : *Sidone tinctus olenti id est*

---

(10) Cf. A. et G. de NEGRI. Della materia colorante dei Murici e della Porpora degli antichi (*Atti della Reale Università di Genova*. Vol. III (1875). p. 107: Falsificazioni della porpora.

purpura Sidonia tinctus, quæ olens dicitur, quia recentis purpurae gravis est odor (Edition Lemaire, 1825, note de la p. 184 du tome 1).

D'ailleurs cela ne résulte-t-il pas aussi du remède que donne le poète à Zoïle :

> **Vis fieri sanus? Stragula sume mea**
> **Veux-tu guérir? sers-toi de mes couvertures.**

Car tout en étant un signe de richesse, cette odeur de la pourpre ne laissait pas que d'être fort désagréable, ainsi que l'indique MARTIAL lui-même (Lib. IV, épigr. 4) en ne l'oubliant pas parmi les puanteurs les plus repoussantes qu'il préfère à l'odeur de Bassa :

> Quod siccae redolet palus lacunae
> . . . .
> *Quod bis murice vellus inquinátum*
> . . . .
> . . . .
> Mallem, quam quod oles, olere, Bassa.

Aussi pour quelques personnes qui prisaient l'odeur des vêtements de pourpre, y avait-il lieu d'estimer que l'odeur de ces vêtements fût, pour parler comme Montaigne, « employée pour couvrir quelque défaut naturel de ce costé-là ». Telle était la peu recommandable Philaenis (Cf. Lib. VII, épigr. 47), contre qui MARTIAL fit ce quatrain (Lib. IX, épigr. 63) :

> Tinctis murice vestibus quod omni
> Et nocte utitur et die Philaenis,
> Non est ambitiosa nec superba;
> Delectatur *odore*, non colore.

Après Martial, les textes anciens, à ma connaissance du moins, ne nous enseignent plus rien sur l'odeur de la pourpre. Les dernières teintureries disparaissent sans doute avec la prise de Constantinople par les Turcs. D'ailleurs, les couleurs tirées des Murex ne pourront plus lutter contre le kermès et bientôt la cochenille. Les secrets de la Porphyreutique se perdront.

La propriété des sucs purpuripares des *Murex* ou des *Purpura* ne seront plus utilisés — comme ils l'étaient sans doute avant l'époque historique — que par quelques pêcheurs pour marquer de menus objets ou du linge.

II. — C'est ainsi qu'un naturaliste anglais, William COLE, apprit, en 1684, qu'un pêcheur de quelque baie de l'Irlande marquait des mouchoirs avec une couleur indélébile retirée d'un coquillage que nous appelons aujourd'hui *Purpura lapillus*. Il étudie la formation de la pourpre fournie par cette *Purpura*, observe que la couleur apparaît au soleil, et que, « pendant que la toile sur laquelle on a ainsi écrit est exposée au soleil, elle rend une fort méchante odeur. Elle est si mauvaise que plusieurs personnes n'ont pu la supporter, comme si c'était un mélange d'ail et d'autres choses fortes et puantes » (11). Le texte original (12) comparait cette odeur à un mélange d'ail et d'asa fœtida : « it will yield a very strong fetid smell (which divers who have smelt it could not endure) ; as if *Garlick & Assa-fœtida* were mixt together. » Ainsi COLE, le premier des naturalistes modernes, redécouvre ce fait fondamental dans l'histoire de l'odeur de la pourpre, fait qui était familier aux ouvriers des teintureries de l'antiquité : l'odeur de la pourpre se dégage lors de l'apparition de la couleur.

En 1711, RÉAUMUR (13) vérifie les découvertes de COLE sur la même purpura (*P. lapillus*) qu'il trouve en abondance sur les côtes du Poitou : « l'odorat, dit-il, sait apercevoir désagréablement le plus ou moins d'action du soleil ou de nostre feu sur la liqueur des Buccinum, lorsqu'elle s'échauffe, on ressent une fort mauvaise odeur, très approchante de celle de l'ail, comme on l'a remarqué en Angleterre ; elle est d'autant moins supportable que la chaleur du feu ou du soleil sont plus grandes. » Il ajoute : « Si cette odeur ne s'affaiblissoit avec le temps, les habits les plus superbes des Romains auraient été donnez au peuple, ou l'on aurait été alors d'un goût fort différent du notre sur les odeurs. »

---

(11) *Journal des Sçavants* pour l'année 1686, p. 243.

(12) *Philosophical Transactions*. Vol. XV for the Year of our Lord M.DCLXXXV. A letter from Mr *William Cole* of *Bristol*, to the Phil. Society of Oxford i containing his observations on the Purple Fish (p. 1278-1286) .Cf. p. 1281.

(13) DE RÉAUMUR. Découverte d'une nouvelle teinture de Pourpre et diverses expériences pour la comparer avec celle que les anciens tiraient de quelques espèces de coquillages que nous trouvons sur nos côtes de l'Océan (14 novembre 1711). *Histoire de l'Académie royale des Sciences*, année 1711. p. 168-199. Observations sur l'odeur, p. 194.

Réaumur ne connaissait pas les vers de Martial que j'ai rappelés plus haut et qui indiquent bien que l'odeur de la pourpre était aussi mauvaise aux nez romains qu'aux nôtres. Une différence de goût sur les odeurs n'était pourtant pas absurde à admettre, puisque Cole avait rapproché l'odeur de la pourpre de celle de l'asa fœtida qu'il est classique de présenter comme *stercus diaboli* pour les Occidentaux et comme *cibus deorum* pour les Orientaux.

Donc, dès 1711, il n'était plus permis aux commentateurs des textes anciens d'attribuer l'odeur de la pourpre à autre chose qu'à la pourpre elle-même. Et cependant bien longtemps encore, sous prétexte que Pline avait cité l'*urine* parmi les *medicamenta* qui pouvaient être ajoutés à la cuve pour obtenir des modifications de nuance, on verra les commentateurs attribuer l'odeur de la pourpre à ces *medicamenta*. (Par exemple : Edition Lemaire de Martial, 1825, t. I. p. 374, note. Male olebant vestes purpureae propter lotium fortasse quo temperabatur purpura... ou encore : Blümner (14) : Uebrigens scheinen die Conchylienzeuge... durch einen üblen Geruch zu erkennen zu haben, woran vielleicht der Urin mit Schuld trug.)

Les naturalistes qui suivirent ne firent que confirmer les observations de Cole et de Réaumur : B. Bizio (1834) chez les murex classiques *M. brandaris* et *M. trunculus*. Roth (1856), sur un murex qu'il n'identifie pas mais qui est probablement *M. erinaceus*. H. de Lacaze-Duthiers (1859) (15) fut amené à étudier la pourpre par l'observation d'un pêcheur des Baléares qui marquait son linge avec le mucus purpuripare de la *Purpura haemastoma*. Il fut frappé par une « odeur horriblement fétide des plus pénétrantes » qui accompagnait l'apparition de la couleur. Il se proposait d'étudier, en collaboration avec le chimiste Riche, entre autres choses, cette odeur. Mais ces projets ne furent pas réalisés. Lacaze-Duthiers remarque que l'odeur qui se développe est parfaitement caractéristique, et toujours identique quel que soit le coquillage à pourpre observé, *P. haemastoma* ou *lapillus*, *Murex trunculus*,

---

(14) Hugo Blümner. Technologie und Terminologie der Gewerbe und Künste bei Griechen und Römern. Leipzig 1875, I. Band. p. 236.

(15) H. de Lacaze-Duthiers. Mémoire sur la pourpre. *Annales des sciences naturelles*. Zoologie (4). XII. 5-84. Voir notamment p. 7, p. 27, p. 33.

brandaris ou *erinaceus*. Cette senteur a, selon lui, quelque chose de l'odeur du reste de la poudre qui a brûlé et aussi une analogie très grande avec l'odeur de l'ail et de l'oignon brûlés. Extrêmement pénétrante au moment où la couleur vient de se produire, elle persiste encore pendant fort longtemps. Une petite pièce de batiste teinte en pourpre à Mahon en 1858 l'exhalait encore d'une manière très forte en la lavant un an après. Les chimistes à qui LACAZE-DUTHIERS demandait quelle est cette odeur ? donnaient tous et toujours cette odeur comme étant celle de l'essence d'ail.

III. — A. LETELLIER ayant réussi à isoler de la glande purpuripare de la *Purpura lapillus* des chromogènes cristallisés (16) essaya le premier de caractériser chimiquement l'odeur de la pourpre (17). Mais influencé sans doute par la concordance des réponses des chimistes à LACAZE-DUTHIERS, il conclut d'une étude chimique sommaire où la simple comparaison avec l'odeur de l'essence d'ail occupe le premier plan que c'est bien du *sulfure d'allyle* qui rend la pourpre infecte.

Letellier eut pourtant à sa disposition des matériaux suffisants : 6.000 glandes à pourpre de *P. lapillus* furent exposées au soleil dans de l'eau distillée surmontée d'une couche d'éther, et c'est dans le résidu de l'évaporation de l'éther que fut recherchée la matière odorante ; mais pour peu qu'elle soit volatile on comprend combien il doit s'en perdre avec une technique si défectueuse. Aussi ne faut-il point s'étonner qu'un tel extrait éthéré, même de 6.000 glandes, n'ait contenu que des traces de substance à odeur alliacée et des traces de soufre transformable en acide sulfurique par la méthode de Carius.

L'odeur alliacée, même jointe à la constatation de la présence du soufre, ne peut évidemment suffire à caractériser le sulfure d'allyle. C'est pourquoi O. von FÜRTH (18) (1903) et L.-C. MAIL-

---

(16) A. Letellier. *C. R. Académie des Sciences*, Paris (1889) **109**, 82-85 et *Archives de Zoologie expérimentale* (2) **8**. pp. 361-408 (1890).

(17) A. Letellier. *C. R. Académie des Sciences*. Paris (1890) **111**, p. 307.

(18) Otto von FÜRTH. Vergleichende chemische Physiologie der niederen Tiere. *G. Fischer Iena*. 1903, p. 378.

lard (19) (1911) reconnaissent aisément que de nouvelles recherches sont nécessaires sur ce point.

Il faut cependant retenir des observations de LETELLIER ce fait
intéressant que les cristaux des chromogènes obtenus par lui donnent des pourpres à la lumière en dégageant l'odeur spéciale.
De plus, ses tentatives de caractérisation chimique de l'odeur de
la Pourpre ont eu le grand mérite d'amener P. FRIEDLÆNDER (20)
à s'occuper de l'étude de la constitution chimique du pourpre du
M. brandaris. Ce chimiste, auquel la science et l'industrie doivent
toute une série de belles synthèses dans la famille de l'indigo et
des composés indigoïdes, venait d'inventer le *thioindigo*, en rem-
plaçant les groupes NH de l'indigo par du soufre. Or, c'est en
joignant au souvenir des travaux des chimistes italiens sur la
parenté de la pourpre et de l'indigo, la considération que l'odeur
de la pourpre serait due à un composé organique du soufre (sulfure d'allyle suivant Letellier), qu'il eut l'idée d'étudier les colorants de la pourpre antique pour voir s'ils n'étaient pas à rapprocher du *thioindigo*. En 1907, P. FRIEDLÆNDER constata que le pourpre du *M. brandaris* ne contenait pas de soufre : ce n'était donc
pas un thioindigo. Nous avons vu au début de cette communication qu'il y découvrit en 1909 la présence du *brome* et réussit à
l identifier synthétiquement à un indigo dibromé.

Raphaël DUBOIS rassemble et précise en 1909 (21) ses recherches
antérieures sur la pourpre dans un mémoire qui restera le point
de départ obligatoire des travaux biochimiques et physiologiques
en « Prophyrologie ». Pour R. DUBOIS, cependant, l'odeur de la
pourpre est plus proche de celle du *scatol* et de celle de l'*indol*,
que de celle de l'ail, de l'asa fœtida ou du sulfure d'allyle. Il
recherche donc si l'odeur ne serait point due à la présence de
scatol ou d'indol. Le résultat, douteux pour le scatol, serait négatif
pour l'indol.

---

(19) L.-C. MAILLARD, p. 195 de la remarquable monographie qu'il vient
d'écrire sur le groupe de l'**Indol** dans le *Dictionnaire de Physiologie* de
RICHET. Premier fascicule du tome IX. F. Alcan. Paris. 1911.

(20) P. FRIEDLÆNDER. Zur Kenntnis des Farbstoffs des antiken Purpurs
aus *Murex brandaris*. *Monatshefte für Chemie*. **28** (1907). cf. p. 993.

(21) R. DUBOIS. Recherches sur la pourpre et sur quelques autres pigments
animaux. *Archives de Zoologie expérimentale* (5) **2**, 471-590 (25 novembre 1909.)

Mais nous savons aujourd'hui que le scatol et l'indol ne meritent pas la mauvaise réputation olfactive qu'ils doivent en partie à leur origine putride et à leur présence dans les matières fécales. L'indol et le scatol *purs* ont au contraire une odeur agréable, et plusieurs recherches (22) ont établi qu'un certain nombre d'huiles éthérées, très prisées en parfumerie, comme l'essence de fleurs de jasmin et l'essence de néroli, doivent une part importante *des* qualités de leur parfum à la présence d'indol. Depuis lors, l indol, et même le scatol, en dépit de son nom, sont largement utilisés dans l'art de composer les parfums.

Cependant l'idée de rechercher l'indol et le scatol dans les glandes à pourpre était intéressante, car elle était fondée pour R. Dubois sur la parenté étroite des couleurs de la Pourpre avec celles de l'Indigo. Cette recherche mérite même d'être reprise, en particulier chez *M. trunculus*, que j'ai caractérisé comme Murex à indoxyle, car nous savons que parfois, notamment dans l'urine des vertébrés, les substances indigogènes sont accompagnées de composés « *indologènes* » (M. Jaffé, 1908. Ch. Porcher, 1909) (23, 24).

IV. — Lorsque P. Friedlænder fit connaître sa découverte de la présence du *brome* dans la pourpre du *M. brandaris*, je me suis demandé si les substances incolores d'où dérivent les pourpres ne présenteraient pas quelques analogies avec les très remarquables *acides mercapturiques* que fabrique l'organisme du chien auquel on fait ingérer des benzènes halogénés, et notamment du benzène *bromé* (E. Baumann) (25).

---

(22) Voir le deuxième supplément au *Dictionnaire de Chimie* de Wurtz tome 6, p. 72. Indol (usages). et aussi L.-C. Maillard. *loc. cit.* de la note (19), p. 145.

(23) M. Jaffé. Ueber das regelmässige Vorkommen von Indol im Distillat des normalen Harns. *Arch. f. experiment. Pathol.* **56**, 299 (1908).

(24) Ch. Porcher. Des corps indologènes de l'urine. *C. R. Académie des Sciences* de Paris. **148**, 1210 (1909).

(25) E. Baumann. *Zeitschr. f. physiolog. Chem.* **8**, 190 (1883). Selon E. Friedmann (*Thèse Médecine*. Strasbourg 1905. *Ueber die Konstitution der Merkaptursäuren*) la constitution de ces corps est :

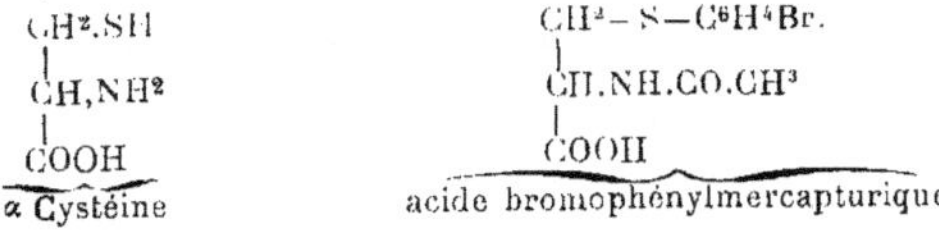

Or un acide aminé particulier, la cystéine, contribue à la formation de ces acides mercapturiques, — acide aminé à fonction mercaptan. Ce qui me fit penser que l'odeur qui se dégage lors de la formation de la pourpre pourrait bien être due à un *mercaptan* (ou à des *mercaptans*).

Cette hypothèse était d'ailleurs loin d'être incompatible avec les observations des naturalistes et même avec les enseignements dus aux textes anciens.

En effet, les mercaptans (26), parmi les nombreux composés malodorants de la chimie organique, sont peut-être ceux dont l'odeur est la plus infecte. D'autre part il suffit de traces de substance pour que l'odeur soit perceptible. D'après Fischer et Penzoldt (27), notre odorat serait encore sensible à *1/160 millionième de milligramme* de méthylmercaptan $CH^3.SH$. Cela serait d'accord avec ce fait qu'un seul des petits cristaux de Letellier peut au soleil dégager l'odeur de la pourpre. Enfin, les mercaptans (en particulier CH^3SH) sont présents dans les gaz des fermentations gastro-intestinales, et si la pourpre leur doit aussi son odeur, le cas Philaenis, cité par Martial (*Delectatur odore non colore*) serait précisé d'une façon inattendue...

Voici comment j'ai pu constater la présence de mercaptan(s) dans les exhalaisons de la pourpre :

Je m'adressai d'abord au *M. brandaris*. Sur chaque individu d'une centaine de coquillages, après avoir brisé la coquille pour extraire intacte au moins la partie antérieure de l'animal, le manteau est découpé le long interne de la branchie, puis abattu sur l'index de la main gauche. Le mucus à pourpre est recueilli avec un pinceau raide et étalé (le tout à l'obscurité) sur une bande de papier-filtre découpée de façon à pouvoir être introduite verticalement dans une grande éprouvette cylindrique à pied de 0 m. 60 de haut et 0 m. 06 de diamètre.

---

(26) L'eau, HOH inodore, peut être considérée comme le plus simple des alcools dont l'odeur augmente avec l'introduction de groupes CH^2 : $CH^3.OH$; $CH^3\text{-}CH^2.OH$... etc... On peut constater le même fait avec $H.SH$, l'hydrogène sulfuré. Mais dans ce cas le composé initial étant déjà malodorant, l'introduction de groupes CH^2 donnera des alcools sulfurés de puanteur croissante : les *mercaptans* $CH^3.SH$; $CH^3.CH^2.SH$; $CH^3.CH^2.CH^2.SH$. etc...

(27) Cités d'après Rubner, Ueber das Workommen von Mercaptan *Archiv für Hygiene* **19** (1893), p. 139.

L'éprouvette est fermée avec un bouchon à deux trous, laissant passer un tube court et un tube long qui plonge jusqu'au fond du vase. Au tube long sont reliés un barboteur à potasse et un barboteur contenant une solution de cyanure mercurique, destinés à retenir les traces de mercaptan qui pourraient par hasard se trouver dans l'air.

Au tube court sont reliés : 1° un tube en U rempli de chlorure de calcium fondu concassé ; 2° un petit tube en U du modèle de ceux utilisés comme à tubes à H^2O en analyse organique. Sous la partie effilée du robinet d'arrivée des gaz est placée une couche de petits fragments de porcelaine dégourdie primitivement bien blanche, imbibés légèrement d'une solution d'*isatine* dans l'acide sulfurique concentré (de façon à ce qu'ils aient une teinte jaune orangée pâle), le reste du tube étant rempli de chlorure de calcium ; 3° un barboteur à acide sulfurique qui permet de se rendre compte de la vitesse du passage de l'air ; 4° un flacon aspirateur.

Si l'on fait circuler de l'air dans un tel appareil *à l'obscurité*, la couche à l'isatine sulfurique ne change pas de couleur. Si, au contraire, on le fait fonctionner, le soleil baignant l'éprouvette, tandis que le mucus insolé devient pourpre, c'est-à-dire au moment où l'odeur de la pourpre se manifeste, on voit très nettement les fragments de porcelaine, sous-jacents au tube effilé d'arrivée des gaz, *verdir*. Cette couleur verte devient très intense, puis, après l'expérience, passe peu à peu au gris.

L'expérience peut facilement être répétée et réussit même avec une cinquantaine de *M. brandaris* fraîchement pêchés.

Je me suis efforcé, dans la conduite de cette expérience, de rester dans les conditions classiques de l'apparition de l'odeur. La réaction colorée que j'ai utilisée est due à G. DeniGès, qui a doté la chimie biologique de tant de procédés analytiques précieux (28). La coloration verte que prend la solution sulfurique d'isatine en présence de mercaptans est une excellente réaction de ces composés, comme l'ont reconnu aussi Rubner et R. Bauer.

Avec le même dispositif que plus haut, subissant des modifications appropriées, j'ai pu constater d'autres réactions des mer-

---

(28) Et non à Rubner comme l'indiquent à tort R. Bauer [*Zeitschr. f. physiolog. Chem.*, 35, (1902), p. 346] et le dictionnaire de chimie de Wurtz (deuxième supplément. Article soufre (composés organ.), p. 550). Le travail de G. DeniGès, Réactifs de la fonction mercaptan, est dans les *C. R. de l'Académie des Sciences de Paris* de 1889, **108**, p. 350. Rubner a étudié la même réaction en collaboration avec Niemann et Stagnitta-Balistreri dans l'*Archiv für Hygiene* de 1893, **19**, p. 144. C'est dans ce dernier travail qu'ont été reconnus les avantages de la dessiccation des gaz par $CaCl^2$ et de l'emploi de la porcelaine dégourdie comme support du réactif.

captans ; notamment que l'odeur est retenue par la potasse et par le cyanure de mercure. En faisant traverser par l'air chargé de l'odeur de la pourpre d'une centaine de *M. brandaris* une solution de cyanure mercurique à 3 %, l'odeur est retenue, on obtient même un faible précipité qui, lavé et traité par l'acide chlorhydrique, régénère l'odeur primitive.

Cet ensemble de réactions confirme, je crois, mon hypothèse que l'odeur de la pourpre était une odeur de *mercaptan*. La grande volatilité de la substance odorante, qui est si facilement entraînée par un courant d'air à 10° ou 15°, pourrait même faire penser au *méthylmercaptan*, dont le point d'ébullition est voisin de 6° (5°8 sous 752 mm. de pression d'après Klason) (29), et qui, par conséquent, est un gaz à la température ordinaire. Mais peut-être aussi l'odeur est-elle due à un mélange ? C'est ce qu'on ne saura qu'en pouvant utiliser un matériel plus considérable permettant d'obtenir des composés plombiques en quantité suffisante pour y doser au moins le plomb.

J'ai tenté de répéter les mêmes expériences avec *M. trunculus*. Mais on sait, depuis les frères DE NEGRI (1875), qu'au point de vue de la formation de la pourpre cette espèce diffère beaucoup du *M. brandaris* (30). Ici, la lumière n'a plus à intervenir et la pourpre se forme par oxydation, même à l'obscurité.

J'ai constaté qu'il en était de même pour l'odeur ; et, pour pouvoir obtenir celle-ci à volonté, j'ai eu recours aux données fondamentales de R. DUBOIS (31). Ce physiologiste a découvert que la formation de la pourpre est due à une *action diastasique*. On empêche, en effet, la pourpre de se former en broyant tout de

---

(29) KLASON. *Berichte der deutsch. chemisch. Gessells.*, **1887**, p. 3407.

(30) Les anciens ont sûrement connu ces différences et durent y faire correspondre des techniques tinctoriales spéciales. D'après DEDEKIND, les Hébreux distinguaient deux catégories de pourpres, *thekeleth*, dont le type serait fourni par *M. trunculus*, et *argaman* correspondant aux pourpres de *M. brandaris*, *P. haemastoma*, etc.

(31) Je n'indique ici les données fondamentales de R. DUBOIS (*Arch. Zool. exp.*, **1909**, p. 500), que d'une façon sommaire, car, dans une prochaine communication à l'Académie de Montpellier sur « *La fermentation de la pourpre* », j'espère contribuer à leur intérêt biologique en examinant les résultats auxquels je suis parvenu en étudiant la *purpurase* (hydrolyse diastasique des indoxylsulfates, etc.).

suite avec de l'alcool à 95° et du sable, le mucus purpuripare, rapidement détaché par raclage de la zone spéciale du manteau. L'alcool dissout les chromogènes, et parmi ce qu'il précipite se trouve la substance active de nature diastasique que R. Dubois a nommé *purpurase* (32). Le précipité purpurasifère, ajouté à la solution des substances que l'eau peut reprendre à l'extrait alcoolique, donne de la pourpre.

En opérant ainsi avec une cinquantaine de *M. trunculus* et en ajoutant, dans un tube à essais, de la purpurase à la solution contenant les chromogènes, on ne tarde pas à voir se former, au bain-marie à 37°, de la pourpre bleue, et à sentir, en même temps, l'odeur à caractériser. Au moment où cette odeur paraît très intense, on promène dans l'atmosphère du tube un agitateur en verre incolore dont l'extrémité inférieure arrondie a été trempée dans de l'acide sulfurique concentré tenant en dissolution de l'isatine (Réactif de Denigès), on ne tarde pas à voir la goutte de réactif prendre une belle coloration vert émeraude révélant ainsi la présence de mercaptan(s) (33).

Le principe malodorant de *M. trunculus* est donc de même nature que celui du *M. brandaris*.

V. — Il serait intéressant de préciser les relations qui existent entre les substances d'où sort l'odeur (*osmigènes*, de ὀσμή) et celles qui peuvent donner les couleurs (chromogènes). Ces relations sont certainement très étroites, comme le savaient les anciens et comme l'ont constaté les naturalistes depuis W. Cole et Réaumur. Letel-

---

(32) Le sable purpurasifère, dans le cas du *M. trunculus*, pour être bien séparé des chromogènes, doit être lavé à plusieurs reprises avec de l'*alcool à 65°*, avant la macération dans l'eau chloroformée. La précipitation par l'alcool du filtrat de celle-ci donne alors une *purpurase* blanche (E. Derrien).

(33) La solution des chromogènes peut donner la même réaction quand on la traite à chaud par quelques gouttes d'acide chlorhydrique. L'acide chlorhydrique peut ainsi remplacer la *purpurase* que j'ai caractérisée comme diastase hydrolysante. Pour rendre la réaction encore plus visible on peut, comme l'indique Denigès (28) « lorsque l'action des vapeurs chargées de mercaptan sur le réactif a suffisamment duré, plonger l'extrémité arrondie et colorée de l'agitateur dans un peu d'acide sulfurique concentré, qui prend la matière colorée, et répéter la même opération un certain nombre de fois, de façon à donner à l'acide une teinte assez intense ».

lier obtint d'ailleurs des cristaux de chromogènes qui donnaient à la fois l'odeur et la couleur de la pourpre.

Les osmigènes se confondraient donc avec les chromogènes (34). La question ne pourra être complètement résolue que par l'étude de la constitution chimique des *chromogènes* (quand ils auront été isolés purs en quantité suffisante).

R. Dubois a fort bien vu que les glandes à pourpre ne contiennent pas des *chromogènes*, mais : des *prochromogènes* que la *purpurase* transforme en chromogènes.

Le chromogène de *M. trunculus* donne de la pourpre simplement à l'air. Le chromogène de *M. brandaris* n'est décomposé avec formation de pourpre qu'à la lumière, et dans les deux cas l'odeur n'apparaît qu'avec la couleur.

Si les chromogènes sont aussi osmigènes, ils doivent contenir réunis des radicaux capables de donner, les uns un mercaptan, les autres un indigo.

Dans les cas du *M. trunculus*, j'ai pu établir que l'indigogène était l'indoxyle. Le bromoindigogène du *M. brandaris* ne paraît pas être indoxylique. Sa nature est encore indéterminée.

Les propriétés comparées de ces deux chromogènes (osmigènes) sont intéressantes à rapprocher de celles de dérivés du *déhydro-indigo* obtenus par L. Kalb (35). Les bisulfites se fixent sur les déhydroindigos pour donner des *déhydroindigobisulfites* que la lumière décompose en produisant les indigos correspondants (36). Cette sensibilité à la lumière, extrêmement peu développée chez les déhydroindigobisulfites non halogénés, croît avec le nombre d'atomes d'halogènes introduits dans la molécule du déhydroindigo. C'est ainsi qu'elle est très nette chez les dérivés *dibromés*, et que les dérivés *tétrabromés* la présentent au maximum.

---

(34) Il se peut qu'il y ait aussi dans le mucus à pourpre, à côté de chromoosmigènes, des chromogènes non osmigènes?

(35) L. Kalb. Dehydroindigobisulfite und ein neues Verfahren zur Erzeugung von Indigofärbungen. *Berichte der deutsch. chemisch. Gesells.*, **42**, (1909). Cf. p. 3657.

(36) L. Kalb a fait breveter un nouveau procédé de teinture en indigos halogénés, fondé sur les propriétés de ces dérivés bisulfitiques, qui, à l'insu de l'auteur, doit se rapprocher de l'antique porphyreutique des pourpres du type *argaman*. L. Kalb obtient même ainsi ce qu'on pourrait appeler des *photo-indigo-graphies* qui correspondent aux *photo-purpuro-graphies* réalisées par Lacaze-Dutiiiers et perfectionnées par R. Dubois.

Selon ce rapprochement, l'osmigène du *M. brandaris* devrait sa sensibilité à la lumière à la présence du *brome* dans sa molécule.

Enfin, pour arrêter là des considérations qui ne peuvent, pour le moment, être que préliminaires, je citerai une réaction des chromogènes de la pourpre découverte par Réaumur (37) il y a deux cents ans.

Cette réaction, maintenant que nous savons que l'odeur de la pourpre est une odeur de *mercaptan*, est fort intéressante au point de vue des relations de l'odeur et de la couleur de la pourpre entre elles.

Réaumur, cherchant à remplacer l'action de la lumière sur le mucus purpuripare de la *Purpura lapillus* par un réactif chimique, essaya différentes substances sans succès. « Il n'en fut pas de mesme, dit-il, du sublimé corrosif que j'employay ensuite : une seule goutte de cette liqueur que je jettay sur un linge teint du suc des *Buccinum*, donna aussi vîte la couleur de pourpre à ce linge que les rayons du Soleil rassemblez au foyer d'une louppe. »

La plupart des chimistes d'alors donnaient des propriétés chimiques du sublimé corrosif une explication mécanique qui nous paraît aujourd'hui amusante. Réaumur avait certainement lu un travail de Lémery (38) qui parut dans le même recueil que son mémoire sur la pourpre deux ans avant. Le sublimé y était représenté « comme prenant sa corrosion des pointes acides du sel » qui se sont « attachées autour de chacune des petites boules du mercure » pour « former comme autant de petits hérissons, qui, excitez par la chaleur de la chair où ils ont été portez, roulent et déchirent ce qu'ils rencontrent ». Réaumur expliquait dès lors très facilement la réaction qu'il venait de découvrir en se rappelant ces propriétés du sublimé corrosif : « d'où il est aisé de voir qu'il a pu facilement changer la figure des parties insensibles de la liqueur des *Buccinum* »

---

(37) De Réaumur, son mémoire de l'*Acad, roy. des sciences*, 1711, p. 195. Cette réaction est aussi fort curieuse à un autre point de vue que je me propose de traiter à part : celui de l'intervention du phénomène de L.-C. Maillard (passage par un stade intermédiaire *hémi*), dans la formation des couleurs de la pourpre.

(38) Lémery. Réflexions et expériences sur le sublimé corrosif. *Histoire de l'Académie roy. des Sciences*, 1709, p. 42.

J'ai constaté que le sublimé corrosif ne fait pas apparaître de pourpre lorsqu'on essaie son action sur les prochromogènes. La réaction de Réaumur ne réussit qu'avec des solutions ou des mucus purpuripares contenant des *chromogènes* proprement dits. D'autre part, les prochromogènes n'ont aucune tendance à libérer des mercaptans, même à la lumière. Chez les chromogènes, au contraire, le radical producteur de mercaptan se sépare facilement, déjà à l'obscurité et dès la température ordinaire dans le cas de *M. trunculus*, à la lumière dans le cas de *M. brandaris*. On comprend dès lors que ce radical qui tend à se dégager sous la forme de mercaptan puisse se combiner avec les sels de mercure, propriété à laquelle les mercaptans doivent précisément leur nom (*mercurium captant*). Cette combinaison entraîne la décomposition du chromogène et la pourpre apparaît (39) *sans odeur*.

La réaction de Réaumur me paraît donc un argument de plus en faveur de l'attribution de la pourpre à un mercaptan (ou à des mercaptans) et en faveur aussi des relations étroites des radicaux chromogènes et osmigènes entre eux.

VI. — Je n'ai pas constaté que l'odeur de la pourpre puisse être répandue, pendant la vie, par les murex que j'ai étudiés. Elle n'est donc pas à rapprocher, semble-t-il, de ces odeurs désagréables si nombreuses et si variées, mais chimiquement si peu connues, que peuvent produire un grand nombre d'espèces de presque tous les groupes de la série animale (40). On peut penser cependant, qu'avant d'être devenues odorantes, par utilisation défensive,

---

(39) Bien entendu, le sublimé ne fait qu'accélérer la formation de la pourpre du *M. trunculus*. Notamment lorsqu'on l'ajoute à du mucus purpuripare, au moment où la teinte verte passe lentement au bleu violacé, on voit sous son action le virage se faire brusquement. La formation des couleurs bleu ou violet rouge que peut donner le sublimé à partir d'un même chromogène dans des conditions différentes, comme l'a très bien vu Réaumur pour *Purpura lapillus*, comme je l'ai retrouvé avec *M. brandaris* sera traitée à propos *du rôle du phénomène de* Maillard *dans la formation des couleurs de la pourpre*, qui sera ultérieurement l'objet d'une étude spéciale de ma part.

(40) On en trouvera rapportés plusieurs exemples dans L. Cuénot. Les moyens de défense dans la série animale (un petit vol. encyclop. Léauté. Masson. Paris. 1892). Voir notamment: Ascidies. p. 108. Mustélidés, p. 127-128.

ces sécrétions ont été d'abord osmigènes ou proosmigènes d'une façon potentielle inutilisée comme chez nos murex. A ce point de vue, l'odeur de la pourpre représenterait donc, peut-être, une étape intéressante dans l'évolution de certains produits du déchet vers leur transformation en matériaux de défense.

On n'a pas encore signalé la présence de *mercaptans* dans les sécrétions malodorantes des invertébrés. Peut-être en trouverait-on, cependant, si on les y cherchait, par exemple chez ces Ascidies qui exhalent une odeur nauséabonde que Giard a comparée à celle du sulfure d'allyle (40), ou encore chez ce lamellibranche de Californie, *Spondylus americanus*, qui dégagerait, à sa sortie de l'eau, « une odeur repoussante d'hydrogène phosphoré [?] » (41).

Parmi les vertébrés, quelques mammifères de la famille des Mustélidés semblent être parvenus au plus haut degré de défense malodorante. Ces animaux possèdent au voisinage de l'anus des glandes dont le produit de sécrétion, d'une odeur infecte, peut être projeté sur les assaillants. Très peu développé chez les putois (et autres animaux voisins de nos régions), ce moyen de défense atteint son intensité maxima dans les genres exotiques *Mydaus* et *Mephitis*.

E. Beckmann (42) rapporte qu'un naturaliste ayant gardé quelques instants en vie chez lui un *Mydaus Marchei*, blaireau puant des Philippines de la grosseur d'un rat, eut sa maison empestée pendant un mois. L. Cuénot (40) raconte que l'odeur de *Mydaus meliceps* est tellement insupportable que si l'on ne s'éloignait au plus vite on pourrait tomber en syncope.

Mais la plus renommée sous ce rapport est la Mouffette américaine (*Mephitis mephitica*) : le produit qu'elle peut rejeter jusqu'à six mètres de distance est d'une odeur tellement infecte que, suivant L. Cuénot, « les comparaisons et les adjectifs font faute lorsqu'on veut en donner une idée. L'odeur se sent, paraît-il, à plus d'une demi-lieue de distance, et, si un objet a été touché, elle persiste pendant au moins un mois ». On comprend aussi que

---

(41) A. T. de Rochebrune. *Bulletin du Museum d'hist. nat.* Tome premier, (1895), p. 151.
(42) Ernst Beckmann. Ueber das Drüsensekret des Stinkdachses. *Pharm. Centralhalle.* **37**, 557 (1896).

munie d'une telle arme la mouffette ne « paraisse pas s'émouvoir » lorsqu'on la poursuit, et se contente de « relever la queue et de lancer avec justesse son produit infect ».

Or, des chimistes ont eu l'idée de rechercher la présence de *mercaptans* dans ces sécrétions infectes, et en ont trouvé. C'est ainsi que E. BECKMANN (42) ayant eu à sa disposition deux grammes environ de la liqueur puante de *Mydaus Marchei* put y supposer, d'après les températures entre lesquelles il passe à la distillation et d'après quelques autres propriétés, la présence de *butylmercaptan* normal $CH^3\text{-}CH^2\text{-}CH^2\text{-}CH^2\text{-}SH$. Ce même mercaptan a été trouvé aussi, accompagné d'autres mercaptans non caractérisés, dans le produit de sécrétion si abominablement infect de *Mephitis mephitica* (T.-B. ALDRICH) (43).

L'odeur de la Pourpre, latente à l'état de proosmigènes chez les *Murex*, est donc de même nature chimique que celle manifestée, d'une façon si intense, par les Mustélidés puants. Et si ce rapprochement surprend d'abord, c'est qu'il s'adresse peut-être aux deux chaînons extrêmes d'une évolution mettant à profit les propriétés des mercaptans chez les animaux.

Il existe encore un rapprochement curieux à faire entre la sécrétion purpuripare des *Murex* et la sécrétion anale de *Mephitis mephitica*. T.-B. ALDRICH et W. JONES (44), ont en effet trouvé dans la liqueur puante de la mouffette américaine, à côté des mercaptans, une leucomaïne, l'*α-Methylquinoléine*, chimiquement différente, mais *biochimiquement* parente des *indigogènes* du mucus purpuripare des *Murex*, car elle dérive sans doute, quoique pas par les mêmes chemins, d'un même noyau *trytophanique* (45).

---

(43) T. B. ALDRICH. *Journal of experimental Medicine*, **1**, 323 et 332-336 (1896).

(44) T. B. ALDRICH et W. JONES. *Journal of experimental Medicine*, **2**, 439-452 (1897)

(45) On peut très vraisemblablement admettre pour cette méthylquinoléine, l'origine tryptophanique aujourd'hui bien démontrée pour l'acide cynurénique (découvert par Liebig dans les urines de chien), qui est un acide oxyquinoléine-carbonique. L'indigogène bromé du *M. brandaris* dériverait d'un *bromotryptophane*, aussi facile à admettre (que difficile à démontrer) chez les animaux dévorés par ce *Murex*, que l'*iodotryptophane* que contiendrait le principe actif de la glande thyroïde des Mammifères selon A. NÜRNBERG.

Dans le cas des Murex, et en particulier de *M. trunculus*, cette présence associée d'un indigogène et d'un mercaptan n'est pas sans intérêt au point de vue de la biochimie comparée. J'ai indiqué en effet que l'indigogène de *M. trunculus* était de nature indoxylique, j'ai trouvé d'autre part que la purpurase hydrolysait les indoxylsulfates (46) urinaires des vertébrés. Ces rapprochements inclinent naturellement à penser à quelques analogies dans la façon dont ces composés se forment.

Le point de départ microbien intestinal est presque unanimement admis dans l'origine des indoxylsulfates de l'urine des vertébrés. Les vertébrés se sont accoutumés à une flore intestinale productrice d'indol, en oxydant cet indol et l'éliminant sous forme d'indoxylsulfates.

Mais parmi les produits dus à l'action des microbes de la flore intestinale sur les albumines alimentaires, à côté de l'indol apparaissent toujours, entre autres composés, des *mercaptans*, notamment le méthylmercaptan (47).

Or, le fait que l'odeur de la pourpre est due à des *mercaptans* qui sont très probablement *étroitement associés à des chromogènes parents des indoxylsulfates*, conduit non seulement à rechercher un *point de départ microbien intestinal dans l'origine des chromogènes de la pourpre* (48), mais révèle peut-être une *étape primitive de l'apparition de la sulfo-conjugaison*, en tant que moyen de défense contre l'indol. L'organisme s'adapte aux produits, nocifs à l'origine, de sa flore intestinale et dans l'acide indoxylsulfurique si l'indoxyle provient de l'oxydation de l'indol, l'acide sulfurique ne proviendrait-il pas de l'oxydation du mer-

---

(46) E. Derrien. *Bulletin Société chimique de France*, 5 février 1911, p. 110-111 (Procès-verbal de la séance du 16 décembre 1910 de la section de Montpellier).

(47) M. Nencki et Sieber. *Monatshefte f. Chem.* 10, 526, 1890. — L. Nencki, même recueil, 10, 862.

(48) J'étudie en ce moment ce problème. J'ai trouvé que l'ensemencement en eau peptonée du contenu rectal du *M. trunculus* [dont le mucus purpuripare est, comparativement aux urines des vertébrés (homme, lapin, cheval), si riche en indoxyle] fournit des cultures qui donnent rapidement et d'une façon très intense les réactions de l'indol (réaction du nitroso-indol et réaction au paradiméthylaminobenzaldéhyde).

captan ? Le mercaptan supplémentaire des coquillages à pourpre serait un témoin de cette origine (49).

D'autres problèmes se posent encore au biochimiste à propos de l'odeur de la pourpre, mais pour n'en pas allonger démesurément la liste, je n'en citerai plus que deux : celui de la production diastasique des odeurs animales défensives et celui des rapports entre les glandes à odeur et les glandes à venin.

Sachant que l'odeur de la pourpre ne peut s'exhaler qu'après la transformation de *proosmigènes* en *osmigènes* sous l'influence de la *purpurase* de R. Dubois, on doit rechercher si cette genèse diastasique peut être généralisée aux odeurs animales défensives. Il semble bien, en effet, en être ainsi, pour ces myriapodes de la famille des *Fontanariés*, qui, selon Guldenstern-Egeling (50), produiraient un osmigène et une diastase, du conflit desquels résulteraient deux composés odorants : l'aldéhyde benzoïque et l'acide cyanhydrique. La *zymoosmigénèse* serait ainsi copiée sur la *zymochromogénèse* (ou zymopigmentation de R. Dubois (51). La pourpre présenterait un cas de coïncidence des deux processus.

Souvent la substance odorante défensive est aussi un poison. Tel est l'acide cyanhydrique que je viens de citer, telle est encore la quinone, principe toxique et odorant du venin d'un myriapode commun, le *Julus terrestris* (C. Phisalix et Béhal) (52). Souvent aussi l'odeur et le venin coexistent chez le même animal, mais sans coïncider ; par exemple, chez un grand nombre de batraciens (53). Bien plus, par quelques-uns de ces batraciens venimeux comme *Alytes obstetricans* ou *Pelobates fuscus*, des odeurs sont exhalées qui doivent chimiquement se rapprocher de l'odeur de la pourpre.

---

(49) Qui expliquerait notamment les insuccès obtenus en essayant comme agents de sulfoconjugaison, les sulfates, pyrosulfates, sulfites ou hyposulfites. Je reviendrai d'ailleurs sur ce problème, mon hypothèse conduisant à des expériences.

(50) Cf. Oppenheimer's Hanldbuch der Biochemie des Menshen und der Tiere. Band III, 1, p. 750-751.

(51) R. Dubois. *Archives Zoolog. expérim.* (5), 2, (1909), p. 500, note.

(52) C. Phisalix et Béhal. *C. R. Académie des sciences.* Paris, **131**, 1004 (1900).

(53) Voir la monographie de E. G. Dehaut, les Venins des batraciens et les batraciens venimeux. Paris, Steinheil, 1910, notamment p. 22, 35, 44, 45, 47, 48.

Or, R. Dubois a montré que les glandes à pourpre des *Murex* étaient aussi des glandes à venin (54). Il y a certainement dans ce rapprochement le point de départ de recherches sur les rapports phylogéniques des glandes odoripares et des glandes vénénifiques (55).

Presque tous ces problèmes sont de ceux qu'il n'est point aisé de faire passer rapidement de l'énoncé préliminaire à la solution définitive.

C'est pourquoi les laboratoires des « *physiciens* » qui chercheront à les résoudre se parfumeront quelquefois encore de cette odeur de la pourpre — aujourd'hui sans intérêt pour la richesse en mal d'ostentation ou pour l'industrie soucieuse de bénéfices.

---

(54) R. Dubois. — Son mémoire aux *Archives de zoologie* (1909), p. 519,

(55) Des glandes à venins, schématiquement, les unes semblent résulter d'adaptations fonctionnelles rendant supplémentairement agressives des glandes digestives, comme chez les serpents venimeux et alors ne sont pas en rapport avec des odeurs défensives ou prémonitrices, et leurs principes toxiques sont voisins des diastases. D'autres semblent trouver leur point de départ dans la transformation de glandes excréteuses dont les produits de déchets sont devenus utiles soit comme moyens de défense odorante, soit comme moyen de défense (ou d'attaque) toxique (dans beaucoup de cas alors la double évolution vers l'odeur et vers le poison peut s'être juxtaposée comme chez les batraciens et comme chez nos murex), et les venins doivent alors leur toxicité à des poisons voisins des alcaloïdes. R. Dubois a trouvé que le principe toxique des glandes à pourpre existait dans l'extrait alcoolique; je pense être arrivé à le séparer des chromogènes, je le crois voisin des alcaloïdes.

MONTPELLIER. — IMPRIMERIE GÉNÉRALE DU MIDI